CHRISTIAN FEDAK

LES CHEMINS D'EN HAUT

poésie

Christian Fedak
Éditeur : Bod Books on Demand
12/14 Rond-point des Champs-Élysées
75000 Paris
Impression : Bod Books on Demand, Allemagne
ISBN : 9782322223169
Dépôt légal : Mai 2020

DU MÊME AUTEUR

Éditeur BoD Books on Demand

Passages poétiques
Le ballon sur le toit

C'étaient des lieux où plus personne ne passait, presque inconnus, où les herbes avaient repris leur place, où quelques fleurs s'étaient perdues. Et même si certains d'entre eux étaient devenus des impasses, ils avaient gardé une âme, celle des solitaires. Ils m'attiraient comme un mystère et je les prenais sans aucun partage, à sentir les odeurs, à écouter les craquements secrets, le froissement des branches. J'allais, sans trop savoir où j'allais, attiré par une force invisible; et la poésie me prenait.

LES CHEMINS D'EN HAUT

De lassitudes
En pensées éperdues,
Ma solitude
M'emmenait sur des chemins connus.

Les mots me venaient dès lors
Comme de vieux amis,
Entre les hautes herbes et la passiflore
Que l'été avait flétries;

Pour dire aux orties,
Aux mûriers et aux chardons,
Aux pieds des haies fleuries
Comment s'emmêlaient les liserons;

Pour dire dans les broussailles,
Aux longues épines denses,
Comment de petits nids de paille
S'étaient posés avec méfiance.

Alors je retrouvais la quiétude
Dans les mots qui arrivaient,
Comme par habitude
Sur les chemins qui m'emmenaient.

RÊVE D'ENFANCE

Si le ciel n'était pas si haut
J'irais lire où la lune luit
En lui tournant le dos
Pour ne pas être ébloui.

De mon fauteuil à bascule
Je prendrais un peu d'eau
En compagnie d'Hercule
À l'amphore du Verseau.

Je me laisserais bercer
Dans ce vaste empire,
Comme un enfant émerveillé,
Par les cordes de la Lyre.

SANS RIEN ME DIRE

*Et si j'allais sans rien me dire
Écouter le chant du monde,
Entre les sentiers et les émondes
Où la forêt transpire.*

*Et si j'allais le cœur léger
Regarder le soleil en éventail,
Le ciel dans tous ses détails
Avec ses quelques nuages dorés.*

*Et si j'allais dans mes errances
Enjamber les sources et les pierres,
Sentir les odeurs de poussière
Lâchées par les pluies denses.*

*Alors, ils me viendraient de loin ces cris
Des jeux de cours d'école,
Des sirènes d'usines qui s'affolent,
Sans que mon silence n'en soit tari.*

Il PLEUT

Je suis seul dans ma chambre et dans mon
cœur,
Et il pleut.
Il pleut et tout coule et passent les heures.
Il pleut sur les arbres, l'herbe et les fleurs,
Les routes où crient les moteurs.

Je suis seul dans ma chambre et dans mon
silence,
Et il pleut.
Il pleut et tout est en décadence.
Il pleut infiniment, et je m'abandonne
Comme jamais à la pluie monotone.

MON COURTIL

Elles sont là les couleurs des belles saisons,
Des pots de terre qui pavoisent
Dans les massifs aux chemins d'ardoises
Où ruisselle le soleil en rayons.
Parfois quelques ombres de thuyas
Sombrent ce beau parterre,
Au rythme des courants d'air,
De glaïeuls parmi les dahlias.
Les branches basses du lilas
S'allongent et frémissent
Et chatouillent de leurs feuilles lisses
La blanche fleur du réséda.
Même les boules d'hortensias
Prennent toute leur place
Dans le rouge vif qu'enlacent
Les bras lourds du camélia.
Il est comme ça mon courtil,
Quand il imagine son espace,
Entre annuelles et vivaces,
Dès les premiers jours d'avril.

JE T'AIME

Je t'aime dans mes silences, mes absences,
Au-delà des frontières et des mers;
Je t'aime entre nos distances,
Mais comment pourrais-je m'en défaire ?

Dans ma tête il y a le bruit des mots
Que je t'envoie sans retenue;
Je sais, souvent il courbe le dos
Las de ne pas être entendu.

Il voudrait te dire ce que je fais,
De mes nuits, de mes jours,
De mes hivers et de mes étés,
Des fleurs qui peuplent la cour.

Je t'aime comme il faut le faire,
Détaché et si proche au fond,
Mais mon amour est amer,
Si sincère et vagabond.

LECTURE

La lampe se rallume dans le sombre
De la vitre, dehors a posé ses ombres;
En un éclair tout s'est réveillé
Sur mon pupitre, des livres éparpillés.

L'étude va retrouver les derniers
Chapitres, longtemps reposés,
Tourner de nouvelles pages,
Choisir le titre des ouvrages.

Je laisse l'automne et son tapage
Crier le vent, pleurer les nuages;
Et puisque plus rien ne m'encombre,
Je vais lire entre la lumière et la pénombre.

PARTONS

Le ciel est gris, il est sur les toits,
Le vent s'ennuie, il est sans voix,
D'octobre tombe comme de l'embrun,
Le ciel est gris, donne-moi la main.

Donne-moi la main, partons ensemble,
Là-bas où les vagues tremblent,
Où la mer fait son poudrin.
Le ciel est gris, partons demain.

Partons demain, laissons l'automne
Dans son répertoire monotone,
Dans son silence qui languit.
Partons ensemble loin d'ici.

Le ciel est gris, il est sur les toits,
Je m'ennuie, je suis sans voix.
Octobre fait son décor,
Je garde mon rêve comme un trésor.

BRUMES D'AUTOMNE

Nous irons dans les brumes d'automne
Voir les colchiques qui frissonnent
Leurs couronnes en étoiles
Où l'araignée tisse sa toile,
Où les dernières abeilles gourmandes
Jouent leur sarabande
Quand passe la musaraigne
Sous les branches aux châtaignes.
Nous irons voir le jour finissant
Et le tapis vert des champs
Où coule le silence de l'orvet
Fuyant l'invisible épervier
Et la charrue qui sillonne,
Dans les brumes d'automne.

MOISSONS

Dans les moissons d'orge et de blé,
Les poussières dans le ciel clair,
Le bruit des moteurs que craint la vipère
Dans les éteules écrasées ;

Dans le jour en déclin
Où un avion passe sa traînée
Blanche, droite et moutonnée,
Au faîte des collines de lin;

Dans la chaleur qui brume
L'horizon et les champs de sainfoin
Où la buse sur les rouleaux de foin
Guette la souris dans les grumes ;

Dans le beau soir d'été
Où les machines coupent et pressent
Les jaunes tiges épaisses,
La lune veille de son croissant éclairé.

LOIN D'ICI

Il y aura un air de violoncelle
Qui prendra tout le vent,
Et fera danser les hirondelles
Au soleil couchant.

Tu te mettras dans ton rêve
Qui t'emportera loin d'ici,
Dans le jour qui s'achève
Et le silence des bruits.

Tu iras dans l'immensité bleue
Toucher le croissant de lune,
Et tous les astres dans les cieux
Qui s'éveillent à la brune.

PRÉSENCE INVISIBLE

Je veux être dans ces tiges d'or
Qui s'enivrent d'un souffle léger,
Dans cette feuille qui s'endort
Au bord des nuits d'été.

Je veux être dans cette plume qui s'égare,
Dans ce fétu que porte la fourmi
Et dont l'oiseau s'empare
Pour aller faire son nid.

Je veux reposer où le temps ne me prend plus,
Sous vos yeux, sous vos pas,
Passant entre vos doigts charnus,
En corps invisible et délicat.

AVEC MOI

Tu es avec moi
Dans le soleil qui doucement s'éteint,
Là-bas au-delà des peupliers
Où les nuages sont rouges comme des étoffes;
Avec moi dans les parfums, les genévriers,
Les massifs de bruyères, dans la brise légère
Et le frémissement des bouleaux argentés.
Tu es avec moi dans les fenêtres qui s'allument,
Dans les bruits qui s'apaisent, avec moi là-bas
Dans la brume sur les chemins de glaise.
Avec moi où que je regarde;
Au bord des routes où s'élancent les cyprès,
Où quelques oiseaux s'attardent dans les prés,
Dans la pénombre qui s'étend,
Dans le jour qui sombre,
Quand le soir me prend;
Tu es avec moi.

RUISSEAU

Un ruisseau dans les bouleaux
Court sur les pierres,
Et va débonnaire
Dans les herbes et les roseaux.

Depuis combien de temps
Passe-t-il ainsi,
À peine amaigri
Par les étés brûlants ?

Il s'amuse à bondir,
Sans jamais s'égarer,
Contre de gros rochers
Caressés de plaisir.

Son air charmant
Glisse dans la forêt
Jusqu'au petit sentier
Où marchent des passants;

Et ils viennent, étonnés
De voir son eau si claire
Allant vers la clairière
Sans jamais se lasser.

DANS TES YEUX VERTS

Tu te souviens quand le jour se cachait,
Quand le soleil se noyait dans la mer
Avec tous ses pastels en dégradé,
De rouge foncé, de rose clair !

Tu te souviens quand les voiles s'éteignaient
Sur le pont des bateaux ,
Quand les hublots miroitaient
Leur lueur pâle sur les flots !

Tu te souviens quand la nuit réveillait
Là-bas dans les criques, sur les falaises,
Des scintillements en chapelet
Comme des restes de braises !

Tu te souviens ! Alors attends un peu
Que le soleil se noie dans la mer,
Et que la nuit rallume ses feux
Que je verrai dans tes yeux verts !

VOLER

Voler; ah! Voler comme jamais;
Voler tant que durent au loin
Les horizons sans fin,
Au-dessus des villes et des forêts.

Ah! Voler comme un nuage défait
Qui passe dans les nues
Au-dessus des labours étendus,
Léger, si léger.

Voler sous le soleil ardent
Au-dessus des champs fleuris
Que bordent les rivières amaigries.
Voler au-dessus des océans,

Comme les mouettes et les goélands
Dans leurs balades vagabondes
Où les eaux grondent
Dans les caprices du vent.

AU MÊME PUPITRE

J'allais en septembre aux légères brumes,
Avec la peur du premier jour d'école,
Dans le bruit des autos filant sur le bitume
Et le cri des hirondelles en farandoles.
J'allais par le long trottoir
Penché sur les pas de devant,
Avec mon cartable noir
Trop lourd pour le dos d'un enfant.
J'allais seul dans l'inconnu
Aux vapeurs éphémères,
Dans le petit matin de la Grand Rue
Vers ma première classe primaire.
J'allais par l'escalier de pierre
À la porte au bois noueux,
Et le long du mur aux patères
Je me mettais en rang par deux.
J'allais au pupitre d'écolier
Couvert de taches d'encre,
Avec de multiples traits
Griffonnés en son centre;
Et j'ai vu gravées dans leurs creux
Des lettres venues d'hier,
Des lettres encadrées de bleu
Qui disaient le prénom de mon père.

QUAND TOUT S'ENDORT

J'aime ce temps quand tout s'endort
Dans les arbres aux vestes sombres,
Dans les nuages aux liserés d'or
Jusqu'aux frissons des ombres.

La rue s'est habillée de lumières,
De silence et de volets clos,
Pas un pas sous les réverbères
Ni de papillons à se brûler le dos.

J'aime ce temps quand tout s'endort,
Quand le soir met son voile,
Et doucement la nuit son décor
Avec son manteau d'étoiles.

À PETITS PAS

La lune dans des fils de laine
Que tracent au passage des avions,
Regarde la vaste plaine
De son petit œil blême et rond.

Les ombres ne sont plus les mêmes;
Va lui dire que tout s'ennuie
Des pâles rayons qu'elle sème,
Et qu'il y a bien trop de nuit !

Va lui dire qu'il fait trop noir
Sur le chemin qui serpente
Comme dans un trop long couloir
Où quelques grillons chantent!

La lune est grise et terne
Et je tâtonne tous mes pas,
Comme souvent quand l'ombre cerne
Les alentours de tous ses bras.

OÙ SERAIS-JE ?

Et si je n'avais plus de maison,
De chambre pour mes jouets,
Ni de lumière pour regarder
Les livres d'images, ni de crayons
Pour griffonner sur les pages,
Rien pour déposer mes jeux,
Ni étagères, aucun lieu
Pour m'étendre comme sur une plage
Et rêver avec mes yeux d'enfant,
Aux Indiens dans les grandes prairies,
Aux chevaux, aux bisons qui s'enfuient,
Aux châteaux forts, à la guerre de cent ans.

Et si je n'avais plus de maison,
Ni de jardin pour les fourmis, les coccinelles,
Pour les vers de terre et les sauterelles,
Pour courir ici et là sans raison.

Mais si je n'avais plus ma place à table
Entre mon père et ma mère,
Pour manger mon petit dessert,
Plus de goûter au fond de mon cartable;
Où serais-je ?

MAGIE DE NOËL

Dans le ciel, des éclats de diamant,
Des lumières dans les campagnes.
Et mon train s'en va dans le blanc
Là-bas au-delà des montagnes.

Même dans les forêts sous la neige,
Les arbres fêtent, les arbres dansent,
Et moi tout au fond dans mon siège
Je suis dans l'étoile qui avance;

Elle va, elle passe dans les nues,
Me ramène tout droit vers l'enfance,
Là où tout m'est revenu
De mes doutes et de mes croyances.

SOUVENIR

Souvenir écho du temps,
Le temps de nos vingt ans;
À vingt ans au quai d'une gare,
À se perdre dans nos regards.

C'était l'été de notre amour,
L'amour sombre du dernier jour;
Le jour où tout dérive
Dans les bruits d'une locomotive.

Souvenir écho du temps,
Le temps d'un instant;
Un instant quand tout s'éteint
Dans le dernier signe de la main

LE SILENCE

C'est le silence sans les gens,
Sans les moteurs;
Le silence des oiseaux, du vent
Dans les fleurs.

C'est le silence des papillons
Parmi les abeilles
Dans la lavande, avec les bourdons
Dans les oeillets vermeils.

C'est le silence qui passe,
Qui s'écoute en sourdine,
Qui s'en va où la pie jacasse
Un peu plus loin sur la colline.

DÉDICACE

*Un livre,
Un phare,
Rien qu'un livre
Comme une clarté dans le brouillard.*

*Un livre,
Une première page
D'où se délivre
La lumière d'un message;*

*Il est dans les mots,
Il est dans les phrases;
Je l'ai mis dans mon stylo
Sans emphase.*

LE CERF-VOLANT

Il était venu dans les alizés
Voir courir la mer,
Vers les falaises et les rochers
Tachés de lumière.

Sous les nuages percés de soleil,
Il s'agitait dans les courants
Où des oiseaux à tire d'aile
S'en allaient vers l'océan.

Il était venu dans les alizés
Sans le fil au bout de la main,
Pour goûter à l'immensité,
Comme le font les marins.

POUR VOUS MADAME

*Dans le fond de mon tiroir
Dormait une longue gamme
De lettres dans le noir,
Pour vous madame;*

*De consonnes en voyelles,
Elle pensait toute ma flamme,
La plus vive, la plus belle
Des recoins de mon âme.*

*Et dans ma plume
Maintenant elle clame,
Comme des coups sur l'enclume,
Pour vous madame.*

UN BOUQUET DE ROSES

Même si les nuages font un ciel morose
Et que le vent dans les herbes danse,
Je sais qu'en ce jour c'est peu de chose
Regarder comme les fleurs se balancent.

Certaines épanouies et d'autres à peine écloses
Feront naître un sourire;
Je sais qu'en ce jour c'est peu de chose
Un vase en verre à embellir.

Aujourd'hui je t'offrirai un bouquet de roses
Rouges, jaunes, avec de jeunes feuilles;
Je sais qu'en ce jour c'est peu de chose
De belles couleurs au jardin que je cueille.

UN PEU D'EXIL

Tu as vécu et comme tu as voulu,
Au fil des jours, aux imprévus,
Aux peines, aux enchantements,
Dans tes hivers, tes printemps.

Tu as vécu ta femme, tes enfants,
Des voyages et des livres,
Comme la majorité des gens
Cherchant même ce qui délivre;

Et puis aussi l'amour secret
Quand de la vie tu étais déçu,
Qui revenait dans tes pensées,
Dans tes déconvenues.

Combien de temps te faudra-t-il
Dans ce vécu que tu as voulu,
Pour retrouver un peu d'exil
Près de celle que tu as perdue ?

DE LA POÉSIE

Dans mon cœur, de la poésie,
Au printemps des fleurs jolies.
Il palpite où le coudrier tremble,
Où quelques violettes s'assemblent;

Aussi sous les hibiscus
Où pointent les jeunes crocus
Et danse l'herbe nouvelle
Quand passe la tourterelle.

Il va à petits pas,
Évitant cahin-caha
Les collines de taupinières
Dans les tapis de primevères;

Et dans les feuilles roussies,
Entre les dents du pissenlit,
Il s'égaie des ciels de myosotis
Constellés de blancs narcisses.

Dans mon cœur, de la poésie,
Pour dire que la mousse jaunie
Rapièce les trous d'arbres morts,
Par des taches d'or.

DOCTEUR

La lune a mis son vieux visage
Comme lumière pâle au clocher de l'église.
Elle vient se fondre aux paysages
Dans les brumes légères insoumises.

Ce sont les labours qui transpirent,
Terres ondulantes comme décousues
Où était venu courir
Le soc de la charrue.

Ah! Ce coutumier octobre qui vous menait
Sur la route du plateau,
Au-delà de la forêt
Vers les murs d'un château.

Mais combien d'octobres parcourus,
Les pansements dans la sacoche,
Cherchant parfois à vaincre l'inconnu
Dans les doutes et les anicroches!

Combien d'octobres disparus
Docteur, à guérir ou soulager
Dans le dédale des déconvenues,
Ceux que la vie a pu abimer!

AU VIOLONCELLE

Frôle l'archet au violoncelle,
Glisse tes yeux et ton cœur,
Donne-leur des ailes
Vers les hauteurs !

Libère les cordes,
Les notes dans l'air
Qui s'accordent,
Légères !

Laisse-les se mêler
À la profondeur de l'espace,
Dans la nuit étoilée
Où lentement elles s'effacent !

DE PÈRE EN FILS

Nous sommes venus, j'avais trois ans,
Ma sœur, mon frère et mes parents,
Où le travail attendait
Les bras dociles des étrangers.

Nous habitions un baraquement
En toit de tôles simplement,
Aux chaleurs intenses l'été
Et aux hivers si peu chauffé.

C'était notre maison pourtant,
Avec aucune fleur devant
Et aux fenêtres sans rideaux,
Avec un puits pour seul point d'eau.

Je revois mon père au petit jour,
Aller vers l'arrogante tour
Qui dominait l'horizon,
Pour creuser les veines de charbon.

Nous sommes venus, j'avais trois ans,
Et maintenant un peu plus grand
J'habite entre les usines,
Et je hâte la barre à mine.

UNE PLACE , UN LIVRE

Les uns manquent de place,
Si denses à s'étouffer;
Plus aucun vide, plus aucun espace
Pour celui qui voudrait s'inviter.

Les autres se détendent davantage,
Plus libres pour bouger,
Où parfois quelques pages
S'ouvrent pour respirer.

Celui-là arrive tard,
Audacieux, peut-être même aventureux
Sous l'œil méfiant et goguenard
De quelques-uns un peu plus vieux.

Hugo et Verlaine semblent ricaner
De toutes leurs lèvres poilues.
Mais qui est ce présomptueux, cet étranger,
Ce livre à l'écriture inconnue?

DERNIER MOMENT

Mais que seront ma dernière image,
Ma dernière odeur,
Ma dernière douleur,
Et le dernier mot sur ma dernière page?
Quel sera le dernier partage
Au creux d'une main serrée,
Embrassée, entrelacée,
Dans la peur du dernier tapage?

Mais quel sera l'étroit passage
Où, sans pouvoir me retourner,
Je ne pourrai qu'avancer
En abandonnant tous mes orages?
Je ne sais rien du dernier paysage
Que croisera mon regard
Perdu dans mon teint blafard,
Rien des yeux du dernier visage.

Mais quelle sera ma dernière image
Avant de m'envoler loin du temps,
Si loin du monde et des gens,
Avec dans mon cœur plein de rage?

DE L'AURORE

La nuit silence
Et l'arbre lumière
Sous le réverbère.
Pas une feuille ne danse.

Je suis debout, immobile,
En sentinelle obscure,
Aux aguets du moindre murmure,
Du plus petit froissement de cils.

J'attends les premières lueurs
Que le matin allume
Au-dessus des brumes,
Allongées en lourdes vapeurs.

J'attends; et la nuit s'endort
Sur les branches vermeilles,
Et je m'émerveille
De l'aurore.

DANS L'AIR D'ÉTÉ

La nuit est douce,
Et assis sur mon tapis de mousse
J'écoute dans l'air d'été
Les arbres chuchoter.

Je vois des étoiles suspendues
Se balançant éperdues
De branches en feuilles,
Faire de petits clins d'œil.

Je prends tout ce que j'entends,
Même ce qui se passe doucement
Quand le chat respire
Et ronronne quand il s'étire.

Je prends tout ce que je sens,
Tout ce que cet endroit répand
D'odeur d'herbe coupée
Qui sèche au fond du pré.

La nuit est douce,
Et assis sur mon tapis de mousse
Je suis dans l'air d'été
Qui pousse les arbres à chuchoter.

L'INFIRMIER

*Il a redescendu ses manches
Et déposé sa blouse blanche,
Préparé sa plus belle veste
Pour les dernières minutes qui lui restent.*

*Derrière lui les pas disparaissent,
Ils ne reviendront plus en sens inverse,
Ils ne sont plus qu'un parchemin
Où s'écrivent les mots de la fin.*

*Il s'en va sous un ciel opaque
Sans éviter l'eau des flaques,
Marchant entre les arbres nus,
Le cœur et les yeux contenus.*

*Les années ont passé si vite,
Mais elles sont tout son mérite,
Et il va vers un autre devenir
Avec sa malle à souvenirs.*

COMME UN SPECTRE

Un jour j'irai au-dessus des champs
Comme un spectre, et dans les rues
Sans dire pardon entre les gens,
Plus léger que le mouvement des nues.

J'irai vers ce lieu qui me manque,
Tout droit sans obstacle,
Te retrouver en fidèle saltimbanque
Comme avant ma débâcle.

Je t'offrirai du parfum des espaces
Et te poudrerai de poussières d'étoiles
D'une éternelle grâce
Que jamais personne ici ne dévoile.

Un jour j'irai au-dessus des champs
Comme un spectre, et dans les rues
En prenant tout mon temps,
Je repartirai comme j'étais venu.

AU JARDIN

J'ai taillé la glycine envahissante
Et ramassé les fleurs séchées,
Les oiseaux ont envahi les plantes grimpantes,
Il y a des plumes partout, des roses malmenées.

Mais je leur pardonne car ils chantent
Et jouent à cache cache avec les papillons,
Sans s'inquiéter du râteau qui hante
Les feuilles tombées sur le gazon.

J'ai cueilli les cassis et les groseilles,
De la rhubarbe et des framboises
Aux bords des allées où sommeille
Le hérisson à l'ombre des ardoises.

Je passe tout près à pas menus,
Sans respirer, sans me presser.
Il dort peut-être trop recru
De ses marches nocturnes bien agitées!

Ah! La bonne odeur du foin coupé
Qui s'épanche depuis les champs;
Tout est là en ce début d'été,
À me ravir du cours du temps .

NÉANT

Un voile passe et tout s'assombrit;
Plus de pensées, plus de mots,
Derrière mes paupières c'est la nuit;
Où serai-je derrière mes yeux clos?

Que verrai-je si je ne vois plus,
Dans l'absence de couleurs,
Quand les objets seront dépourvus
De leur forme et de leur grandeur?

Qu'entendrai-je si je n'entends plus,
Ni les pas, ni les voix et le vent,
Ni même les pages d'un livre décousu;
Que ferai-je de mon temps dans le néant?

I. LA PREMIÈRE CLASSE

La nuit monte jusqu'aux étoiles
Qui percent son voile
De leurs éclats suspendus.
Et tous les bruits se sont tus.

Les routes sont vides
Où flotte un air timide
Qui à peine agite les bouquets
Au parterre des jeunes fleurs d'été.

Les odeurs se mêlent à l'ombre,
Aux taillis des marronniers, aux décombres
De la vieille école du souvenir
Et des récurrents pensums à écrire.

Elle était la première classe
Du premier maître faisant la chasse
Aux taches sombres de l'encrier,
Sur le cahier et l'inséparable tablier.

Ô Ces temps de rangées frileuses
Qui défilaient silencieuses,
Du premier copain dans le couloir
Avant l'épreuve du tableau noir!

II. LE PETIT ÉMIGRÉ

Le tableau noir des cancres, des surdoués,
Des moyens, et du petit émigré
Qui avait quitté sa terre natale,
Sa nostalgie, son idéal.

Il était au dernier banc
Et tous les autres étaient devant;
Mais comment pouvait-il penser
Avec tous nos mots étrangers?

Ses lèvres ne faisaient que sourire
Pour répondre au bon comme au pire,
Et il était parfois la risée de complices
Quand ses habits sentaient les épices.

Il imaginait souvent dans les herbes
Et les arbres d'une colline superbe,
Sa tête accoudée au pupitre,
Son pays à travers les vitres.

III. AMIS

*Le fil du temps s'est allongé
À la deuxième classe,
Et un nouvel automne s'est habillé
Avec ses pluies qui menacent.*

*Là, tout au dernier banc,
À écouter les quotidiennes leçons de morale,
Je me retrouvais à côté du petit émigrant
À faire le tri entre le bien et le mal.*

*Et même si la dictée faisait ses ravages
Comme le calcul et la poésie,
Dans nos regards venaient des images
De jeux de billes, d'osselets rouges et gris.*

*Les visages devenaient familiers
Avec quelques uns encore méconnus;
Nous, nous étions amis en vérité,
Et nous habitions la même rue.*

QU'AURAIS-JE PU DIRE ?

Qu'aurais-je pu dire pauvre et maladroit
Dans ce brouillard où il faisait froid,
Entre les chuchotements et les soupirs,
Où nous étions venus nous recueillir?

Qu'aurais-je pu dire de ma peine
Qui courait dans mes veines,
Qui te fût un soulagement, une tendresse,
Pour ton désarroi, ta détresse?

Les chrysanthèmes pliaient sous le frimas,
Et comme des clochers délicats,
Si sombres sentinelles,
Les cyprès montaient vers le ciel .

Elle partait pour une longue nuit
Sous le regard placide des crucifix
Et des colombes de pierre;
Qu'aurais-je pu te dire mon père?

ATTENTE VAINE

Des pas! Des pas entre les pavés
Et les massifs,
Blancs et rouge vif;
Des pas dans l'herbe et la rosée.

Des pas serrés
Et lents certainement,
Presque hésitants
Et feutrés.

Des pas derrière le laurier
Couchant les tiges frêles
Des campanules et des prêles
Dans si peu de clarté.

Des pas! Pas très loin,
Juste en face de la porte vitrée;
Des pas que j'attendais
En vain.

HALO D'AMOUR

Ils n'attendent rien ;
Quelle importance le temps, demain
Et tous les jours qui arrivent,
Seul compte le moment qu'ils vivent.

Son père le tient serré contre sa poitrine,
Son petit ange qu'on imagine
Bercé par les battements de son cœur
Apaisé, loin de ses peurs.

Ils semblent se parler sans rien se dire,
Les yeux clos, sans sourire,
Avec cette force qui les unit
Comme le jour avec la nuit.

Elle est belle cette image qui se présente,
Cette tendresse que rien n'attente,
Ni Dieu ni homme, ni aucun discours ;
Père et fils dans un halo d'amour.

QUATRE CHATS

Froides lueurs qui rôdent,
Qui percent les buissons
Et l'herbe où maraude
Le regard attentif de Flocon.

Mais ils ne sont pas dupes
Le merle et le coucou
Quand se préoccupent
Les oreilles de Tchiboud.

Et le bruit bouge,
Et les oiseaux s'envolent
Emportant des baies rouges
Loin des griffes d'Éole.

Dans les froides lueurs du matin,
Une voix frileuse appelle
Trois chats sans butin,
Et l'infortuné Tryskell.

TROIS ÂNES

Trois ânes dans un enclos
Parmi les herbes et les rocailles,
Nous rappellent des noms de Camelot,
De chevaliers en cotte de mailles.

Arthur au soleil en éventail,
Comme couronne de lumière,
Suit Guenièvre jusqu'au portail
De son œil noble et fier ;

Car elle voudrait parcourir les champs
Dans l'ombre de Lancelot,
Le vieil ami, le tendre amant,
Comme autrefois à Camelot.

GÉANT

Non, le vent ne transportait pas de rochers,
Mais un océan de nuages
D'où s'échappait une pluie gelée
Qui s'abattait en grand tapage.

Comment marcher à son allure?
À chaque pas je le déchirais un peu,
Touché par ses morsures
Jusqu'aux coins des yeux.

Pourquoi ne pas se laisser aller
Dans ses bras de géant,
Léger, et divaguer
Comme sur un tapis volant!

UN AMI DE SOLEIL ET D'EAU

Il est à moi ce coteau,
À moi jusqu'au bout de ma vie,
Îlot de mon enfance,
Des rêveries de l'adolescence,
Tout près du ciel, un ami
De soleil et d'eau.
Il est à moi pour mes batailles
De pommes de pin dans les fossés,
À moi pour l'échelle de branches
Déchirant l'étoffe des manches,
Pour les endroits secrets
Trouvés dans les broussailles.
Il est à moi ce coteau,
À moi pour la première fille
Embrassée sous les sapins,
À moi qui connais tous les refrains
Que les vents soufflent aux ramilles,
De la pluie dans les bouleaux.
Vous pouvez en prendre un peu,
De vos yeux, de vos photos,
De vos pas enjambant l'anémone
Dans les herbes qui frissonnent,
Et vous asseoir dans le plein été au chaud
Des talus, au bord des chemins creux.

PAPILLON

Emporte-toi de tes ailes fragiles,
Là où dansent tranquilles
Dans les ramilles de chauds rayons!
Vole, vole, petit papillon!

Va dans ta quête
Avant que vienne la tempête,
Chercher dans les calices
Tes derniers délices!

Et puisque tout devient désaccord,
Referme-toi sur ton corps!
Cache-toi des nuages gris
Avant que vienne la pluie!

AUBE

Regarde comme l'horizon s'allume
D'un incendie rouge et rose,
Et plus bas comme la forêt fume
Des volutes qui se décomposent!

C'est l'aube qui colore
Les nues en reflets de tisons,
Et plus haut en liserés d'or
Quand le soleil envoie ses premiers rayons.

Lentement plus d'îlots de brume
Sur les coteaux, sur les collines ,
Mais des effluves qui parfument
Quand l'aube peu à peu s'incline.

COMBIEN ?

Combien d'horloges et de tours
D'aiguilles, combien de jours,
Combien me faudra-t-il encore
Attendre et me faire du tort,
Combien de temps pour un sourire,
Un mot, un soupir ?

Combien de temps pour te revoir
Quand tu passeras le soir
Le long des bouleaux argentés
Aux cimes poudrées
De soleil évanescent,
Combien de temps ?

Combien de temps à ma fenêtre
À t'espérer apparaître,
Combien d'hivers, combien d'étés,
Combien d'années
Pour écouter ta jupe légère
Se plisser au vieux mur de pierre ?

PETITE FAUVETTE

Viens au creux de ma main
Prendre un peu de pain,
Un peu de mie
Dans les lignes de ses plis!

Referme tes ailes
Avant que ne gèlent
Tes bouts de plumes
Dans le frimas et la brume!

Allez! Viens
Au creux de ma main
Piquer quelques miettes,
Petite fauvette,

Et pose tes pattes sur ma peau
Comme en été dans le chaume
Quand il fait beau!
Allez! Viens au creux de ma paume!

VIEILLIR

Aujourd'hui je n'ai que ma fenêtre sur le monde,
Avec du vent caressant les feuilles, légèrement,
Comme souvent quand il fait sa ronde,
Et la pluie qui chuchote, monotone, tristement.

À qui parlerais-je si ce n'est à ce que je vois,
Dans ce carré où tremble à peine le magnolia,
Aux hirondelles silencieuses sous mon toit,
Aux passants qui ne répondent pas?

Mais bien sûr, aujourd'hui personne ne passera,
Ou peut-être quelque brise nouvelle
Pour balancer davantage les branches du lilas,
Et ouvrir une éclaircie dans le ciel.

À qui parlerais-je si ce n'est à mes souvenirs
Qui balbutient si peu dans mes yeux,
Froissés du passé et tellement difficiles à tenir,
À regarder par la mèche grise de mes cheveux?

LE SILENCE DES SOUS-BOIS

Tes promenades sont souvent solitaires ;
Pourquoi fuis-tu ainsi le monde ?
Pourquoi rechercher dans l'ombre des fougères,
Ce lieu secret où tu t'inondes ?

Tu vas dans les chemins mangés par les ramées
Enjambant les racines tortueuses,
Retrouver l'endroit où tu allais
Quand tu étais heureuse.

Tu vas dans le silence des sous-bois,
Dans la profondeur où le soleil ne vient pas,
Revoir dans tes pensées en émoi
Celui qui te tendait les bras.

LOIN DE MON PAYS

Nous habitions entre cistes et romarin
Où le soleil brûlait dès matin,
Sur une terre aride et avare
Qui poussait au grand départ.

J'ai donc quitté ma maison, l'amandier
Qui me cachait de l'été,
La colline qui m'offrait la mer,
Là-bas après le village, dans le ciel clair.

Et un autre ciel s'annonçait, plus gris,
Si loin de ma colline et de mes amis,
De cheminées et de fumées d'usine;
Adieu la mer, les effluves marines.

J'étais perdu dans le dédale des rues
Entre les maisons identiques et nues,
Dans cette langue étrangère
Qui me rendait si peu fier.

Ah! Je la voyais ma maison dans les luzernes
Quand j'entrais dans cette caverne
Où le feu jaillissait des pierres,
Dans les haut-fourneaux comme en enfer.

MÉLANCOLIE

Qui es-tu toi qui te glisses dans ma plume,
Et lâches des mots aussi lourds que l'enclume,
Pesant tristement dans toutes les lignes?
Tu t'imposes à moi et je me résigne.

Mais qui se cache derrière cette voix griffonnée,
Tournant dans mes doigts gourds et tourmentés?
Je ne vois plus rien des beaux printemps fleuris,
Ni les forêts, ni rien des vertes prairies.

Toi qui te glisses en moi comme un chancre,
Qui es-tu pour être si tenace dans mon corps
En criant sourdement sans faire d'effort?

Tu me perds dans l'écriture de ton encre
Dès l'aube quand tu surgis et jusqu'à la nuit;
Mais dis-moi, pourquoi dans tant de mélancolie?

ELLE

Le rideau se soulève à peine,
Léger contre le guéridon bleu,
Et dans les vapeurs de verveine
Tu t'approches de la chaleur du feu.

Le rideau se soulève à peine,
Et dans le brouhaha de la rue
Tu entends les voitures qui freinent,
Et les pas dans les allées et venues.

Le froid se perd dans la fenêtre,
Luttant contre les flammes du feu
Qui jouent dans les bûches du hêtre,
Et tu t'impatientes peu à peu.

Le rideau se soulève à peine,
Léger contre le guéridon bleu,
Et tu sens monter dans tes veines
Son image jusque dans tes yeux.

Tu entends sourdement
Dans le vacarme qui pénètre,
Un peu d'elle dans l'entrée de devant,
Comme si souvent par la fenêtre.

JE NE PARTIRAI PAS

Je ne partirai pas,
Ni très loin, ni là-bas
Aux coins des rues
À l'angle de l'avenue;
Ni là-bas au-dessus
Où s'étendent les nues,
Je ne partirai pas
Loin du cercle de tes bras.
Même au-delà du ciel
Où la nuit éternelle
A mis ses astres d'apparat,
Je ne partirai pas.
Je ne partirai pas
Au temps des mimosas
Qui font ton parfum
Dans tes longs cheveux bruns.
Je veux rester contre toi
À caresser de mes doigts
Le rose de tes joues
Jusqu'aux plis de ton cou;
Avec toi dans tes yeux
À regarder à deux
Le mauve du lilas;
Je ne partirai pas.

CHOPIN

Un musicien s'est réveillé;
Ah! Le bonheur de retrouver
Les échos au petit matin
Des douces sonates de Chopin!

Les livres sur les étagères
Pleurent les drames et les guerres;
Dans la profondeur des pages
À nouveau Chopin les soulage.

Ah! Le bonheur de retrouver
Des bibelots émerveillés
De blanches et de croches
Sans la moindre anicroche!

Les notes courent dans l'espace,
Délicieuses, et repassent
Et rebondissent, et décorent
De douceur le chat qui s'endort.

Un musicien s'est réveillé;
Ah! Le bonheur de retrouver
Dans les partitions de Chopin
Sa lumière au petit matin.

LE CHEMIN DE LUNE

La mer s'allonge sur la grève
Avec de l'écume et des roulis,
Dans ce bruit qui jamais ne s'achève
Sur de sempiternels clapotis.

Assis au sommet de la dune,
Les mains jointes comme en prière
Et les yeux dans le chemin de lune,
Il revoit ses cheveux châtain clair.

Elle était la mer et les étoiles,
Le vent, le sable et les embruns,
Un bateau dans ses voiles
Qui s'en allait dans le lointain.

UN COIN DE SEPTEMBRE

Un tapis de mousse
Verte et si douce;
Des gouttes de rosée,
Délicates, et colorées
Par quelques rayons obliques
Entre les fleurs des colchiques ;
Déjà des feuilles mortes
Qu'un souffle emporte
Dans l'herbe fanée
Par les mois d'été;
Et sous les bras de la fougère,
Dans sa cachette salutaire,
La jaune chanterelle
A déplié son ombrelle.

VERS LES ÉTOILES

Le vent a frappé le ciel
Et des étoiles sont venues,
Si proches et si belles
Au-dessus de ma rue.

Elles sont les réverbères
Sur les routes de l'espace,
Où vont les âmes solitaires
Entre les soleils et les glaces.

Et j'y vais comme je suis,
Léger et informe,
Sans bagage, sans habit,
Loin de la terre des hommes.

Le vent a frappé le ciel,
Les nuages ont disparu,
Et le firmament immortel
Au-dessus de moi est apparu.

L'ARC-EN-CIEL

*C'est l'arc-en-ciel
Comme boîte à couleurs,
Pour les peintres et leurs pastels
Dans la clarté des premières heures.*

*Et aussi l'arc-en-ciel
Sur le chemin de l'école
Avec quelques gouttes de soleil
Comme traits de crayons qui volent.*

*C'est le bel arc-en-ciel
Au-dessus des champs
Et des collines, où il veille
Entre la pluie et le beau temps.*

*Sur son chemin de l'espace
Dans son costume de lumière,
Il sait qu'au chêne sur la place
Le feuillage se teintera en vert.*

LE GRAND CHÊNE

Il a quitté la forêt
Pour la grandeur d'un pré vert,
La scille et le muguet
Pour les pâquerettes et les primevères.

Il étend ses bras comme des perchoirs
Dans l'ombre du feuillage
Où des oiseaux viennent s'asseoir
Pour commencer leur bavardage.

Vieil arbre centenaire
Cogné de brises et de tempêtes,
D'orages et d'éclairs
Qui l'apeurent et l'inquiètent.

Il est le grand chêne solitaire ,
Qui siffle et qui piaille,
Où frémissent des ailes légères
Dans des nids de brindilles et de paille.

GRAND-PÈRE

Mais pourquoi cette couleur s'impose
Aux tempes comme du salpêtre,
Et dans ta barbe sur ta peau rose?
L'usure du temps peut-être !

En filaments dans tes cheveux
Qui caressent les sillons du front,
Et même dans tes yeux
Elle se voit tout au fond.

À te regarder, quel est ton âge
Pour te vêtir ainsi,
Avec ces apparats d'homme sage
Qui se sont mis dans le gris?

BIEN PLUS LOIN

*Mais que fais-tu parmi les étoiles
Dans l'infini des lumières blêmes,
À regarder les comètes à longs voiles
Et les poussières qu'elles sèment?*

*Que fais-tu entre la reine Cassiopée
Et la fougue du géant Orion,
À visiter sans jamais t'arrêter
La grandeur des constellations?*

*Tu erres dans les confins de glace
Entre les astres et le vide,
Sans jamais craindre la menace
Des contrées plus torrides.*

*Mais que fais-tu parmi les étoiles?
Ton âme doit aller bien plus loin,
Bien plus loin où l'univers se dévoile,
Au pays des anges et des chérubins.*

MÉTAMORPHOSES DU SILENCE

Des gouttes tombent sur les pavés
D'un trou de la gouttière;
Un carillon se met à psalmodier
Sous le toit sa prière.

La claire-voie grince l'air
Depuis le fond du pré;
Seul un beau pivert
Commence à chanter.

Un souffle anime les herbes,
Les roses et leurs fragrances,
Les lavandes en gerbes;
Dans les métamorphoses du silence.

INDIFFÉRENCE

Un regard qui caresse,
Rien qu'un œil en coin
Pour un peu de tendresse
Qui s'approcherait enfin.
J'aime quand ton parfum
Me frôle, et laisse
Ses atomes de jasmin
Pour un peu d'ivresse.
C'est si peu de chose,
Si peu quand ta chaleur
Sur le verre que tu poses
Je la prends avec douceur;
Peu de chose,
Quand un mot survient,
Et même s'il m'indispose
Je le garde sans dédain.
Où es-tu si près de moi
Dans tes horizons lointains,
À te dire je ne sais quoi
Qui provoque mon chagrin?
Tu es ma faiblesse, ma sentence,
Mes griffures et mon drame ;
Mais pourquoi tant d'indifférence
Dans le cœur de ton âme ?

FRIMAS

Le frimas est sur les thuyas,
Sur les lauriers, toutes les branches
Que la bise agita,
Lourdes de millions d'étoiles blanches.

Un rayon passe dans le brouillard
Et va de lieu en lieu,
Lentement au gré du hasard
Par un trou de ciel bleu.

Le froid fait des frissons
Qui germent sous le manteau,
Et se plaît sous le pantalon
À piquer comme des couteaux.

Tout est en frimas,
Sur les rosiers qui se penchent,
Et que décembre déposa
En millions d'étoiles blanches.

VELLÉDA

*Va dans la charmille
Sans t'écorcher aux surgeons,
Ni te griffer aux ramilles
D'où pointent les premiers bourgeons.*

*Tu verras dans les rameaux
Marcescents et les émondes,
La Velléda dans cet écheveau
Qu'un rai de lumière inonde.*

*Elle te dira sûrement,
Fardée de ses mimiques,
Tout ce qui t'attend
Charmé par son regard oblique.*

*La Velléda d'albâtre, l'éternelle,
Qui guette le passant
Comme une sentinelle
Un rien vêtue de blanc.*

FANTAISIE

Et si j'étais le vent un jour
Quand ma vie aura fait son tour,
J'irais gronder comme la mer
Dans les grands arbres de la lisière.

Je cognerais de toutes mes forces
Les chênes dans leurs manteaux d'écorce,
Et tous les buissons et toutes les haies
Qui s'enchevêtrent à leur pied.

Je hurlerais de toute ma voix
Comme les vagues quand elles se noient
Dans le ressac après la grève,
Je serais le vent qui se lève.

QUIÉTUDE

La nuit est dans les étoiles
Avec son croissant de lune suspendu.
Cela ferait peu de couleurs sur une toile,
Comment peindre le silence de la rue ?

Mon regard erre à l'infini
Dans un courant de douceur.
Les arbres murmurent, et c'est joli
Ce refrain de feuilles dans les senteurs.

Tu es là et tu souris, ravie
De l'instant sur le balcon ;
Ta main dans la mienne s'est engourdie
De tendresse et de frissons.

Pas un mot dans ta bouche
Et les sirènes d'usine sommeillent ;
À la lanterne pas une mouche
Juste un hanneton qui veille.

AVANT DEMAIN

La nuit noire et lourde
Baisse mes paupières,
Ta voix est sourde
Et ta tête n'est plus au creux d'hier.

Une dernière lutte avant demain
Sur ta belle image
Qui s'apaise et revient
Sans couleur ni bavardage.

Je te devine sur l'oreiller,
Silencieuse et floue,
Et lentement tu apparais
Dans mes rêves les plus doux.

AU - DELÀ

La nuit est calme et douce,
Et mon chemin infiniment
Va vers la lune rousse
Toute nimbée de blanc.

Derrière, ma ville s'éloigne
Avec ses rues de lumières,
Puis viennent les mers, les montagnes,
D'ici il n'y a plus de frontières.

Et je vais léger
Comme porté par l'ombre,
Sans me presser
Entre les étoiles sans nombre.

Je pars vers le firmament,
Si belle cathédrale,
Et je ne sais ce qui m'attend
Dans l'immensité astrale.

MYSTÈRES

Il y avait bien des mystères
Dans mon enfance; des sentiments
Qui me rendaient amer,
Et me troublaient profondément.

Souvent je levais la main
Vers le ciel pour toucher
Tous ces petits grains
Dans le manteau étoilé.

Que vêtait-il ainsi
Sur tant de grandeur,
Durant toutes les nuits,
Notre Dieu farceur ?

Un autre monde, un paradis?
Que pouvais-je croire en ces heures,
Au-delà de cet habit,
Quand j'étais petit et rêveur ?

LA DERNIÈRE FOIS

Voilà ;
C'est la dernière fois,
Les dernières portes ouvertes
Sur des pièces désertes
Que je pousse malgré moi.
Et c'est malgré moi
Que je revois en souvenirs,
Les bruits, les rires,
Les gestes et les voix,
Les cris, les délires aussi,
Et les chants
Par moment
Contre le temps langui,
Que nous répétions à tue-tête,
Dans la joie,
Pour oublier le désarroi
Des douleurs secrètes.
Oui, la dernière fois,
Les derniers pas timides
Vers des pièces vides
Où je vais malgré moi.

SÉPULTURE

Vogue l'esquif,
Vogue sur l'onde
Entre les récifs
D'un nouveau monde.

Dresse ta voilure
De couleur de linceul
Sur l'immense sépulture,
Si loin des tombes sous les tilleuls.

Va voir au fil des errances
Où le soleil a percé les eaux,
Où les vagues en abondance
En ont fait son berceau.

Car il est dans les courants,
Dans les algues et les méduses,
Parfois même dans les ouragans
Qui l'emportent et qui l'amusent.

À LA BRUNE

C'est la symphonie à la brune,
Dans les houppiers et les taillis,
Où les premiers rayons de lune
Sont encore blêmes et amaigris.

C'est une liesse qui se répand
Des branches retenant les nids
Aux toitures rouges des bâtiments,
Par-dessus la route obscurcie.

Des sapins s'éparpillent des gazouillis
Et des roucoulements de tourterelles;
J'aperçois un envol de perdrix
Vers les nuages qui dentellent.

De partout viennent des sifflements
Comme des invitations courtoises;
Bien sûr c'est l'heure de l'accouplement,
Le temps des merles qui pavoisent.

AU SON DES CORDES

La musique passait sur sa peau,
Caressante comme des plumes,
Ruisselante comme de l'eau
S'échappant après l'écume.

Il était seul dans son halo
De violons et de violoncelles,
Avec quelques notes de piano
Sous la voûte de la chapelle.

Et seul dans le vrai silence
Écoutant le son des cordes
Où plus rien n'avait d'importance,
Ni les vérités ni les discordes.

Dehors, les rues étaient vides
Des passages, des tapages,
Des folles ambitions cupides,
Comme pour lui rendre hommage.

La musique coulait sur lui
Et le catafalque doré.
Le parterre était tout fleuri
Jusqu'à la porte de l'entrée.

UN MURMURE D'OR

*C'est un champ de blé
Taché de coquelicots
Qui s'emmêlent aux épis, balancés
Par les caprices de l'air comme des flots.*

*Je l'entends bruisser comme un murmure
Dans le jour qui s'endort.
En s'échappant parfois des clôtures
Il me caresse de ses tiges d'or.*

*Je traîne, et tout peut attendre;
Tant pis pour les heures qui m'emportent
Puisque tout devient cendres;
Je reste, et plus rien ne m'importe.*

MERCI

Merci.
Merci pour le couchant,
Merci pour les forêts,
Pour les chardons dans les champs,
Pour les lacs apaisés.

Merci pour les montagnes
Qui font l'horizon
Et les villes les campagnes,
Merci pour les labours, les moissons.

Merci pour les saisons,
Les nuits et les jours,
La lune qui blêmit les maisons,
Le soleil qui fait son tour.

Pour les dunes du désert,
Les fleuves, les ruisseaux,
Les vagues sur la mer
Où virevoltent les oiseaux,
Merci.

IL NEIGE

La fileuse est arrivée
Avec son métier immuable;
De son coton immaculé
Elle a tissé les branches de l'érable.

Sur le sapin centenaire
Le vert s'est paré de blanc,
Comme les chapeaux des réverbères
Tremblant sous les coups du vent.

La rue est envahie d'aigrettes légères
Caressant les passants
Qui chuchotent et s'indiffèrent
À la beauté de l'instant.

Et moi je vais aux chimères
Dans la neige et le froid,
Comme si souvent naguère
Dans les champs et les bois.

PETIT BONHOMME

Petit bonhomme
À robe blanche,
Avec une branche
De bois d'orme
Pour un bras
Et l'autre de lilas.

Comme il est drôle
Avec son nez
Orange et son bonnet
Que frôlent
Deux petits yeux
De bouchons bleus.

La bise menace,
L'air se glace,
L'enfant de neige
Tient une pelle,
Il a froid, il gèle
Sur son écharpe beige.

L' ANGE ET LE POÈTE

Sur un livre ouvert en piédestal,
Une plume dans une main
Et dans l'autre une boule de cristal
Où se lisent les destins,
Un ange immaculé,
Sur la plus haute étagère,
S'est assis les jambes croisées
Dans sa tenue légère.

À ses côtés, Alfred de Musset,
En photo de médaillon
Sur un classique illustré,
Le regarde avec admiration.
Que dirait-il à ce chérubin
Dans une de ses poésies
Où les alexandrins
Feraient des rimes jolies ?
Il lui dirait: ''Tu es bien ici
À lire mes pensées
Sur mes pages jaunies
De tes yeux éclairés ''.

AU BOUT DU SENTIER

Des pierres, des rochers,
Des îlots de neige
Aux bords du sentier
Que l'herbe assiège.

Déclin de l'hiver,
Débauche des sources
Mourantes aux rivières
Où finit leur course.

Terre tracée des pas
Qui glissent dans la fange
Où l'épicéa
Penche et dérange.

Tu baisses la tête,
Tu courbes le dos
Jusqu'à la crête,
Et le monde est beau.

SI PEU DE MOI

*Des yeux d'azur qui s'amusent
Au-dessus d'un nez aquilin;
Ils sont vifs et leur ruse
Se voit dans le cristallin.*

*Des cheveux bien mal rangés
Tombent sur les rides du front;
Et souvent de la main ramenés
Ils reviennent de la même façon.*

*Les lèvres roses tremblent
Sous la grisaille des poils;
Elles se libèrent et rassemblent
Tout ce que la bouche dévoile.*

*Je me présente comme je me donne,
Avec ce que tu vois;
Et je voudrais que tu me pardonnes
Puisque c'est si peu de moi.*

ET IL Y A UN LUTIN

*Un lutin est venu me voir,
Bonnet rouge au front
Et sans barbe au menton,
À la tombée du soir.*

*Au bout du bras un encensoir,
Dans l'autre main une lanterne
Comme celles des vieilles tavernes
Qui s'éclairaient dans le noir.*

*Aux pas feutrés dans le couloir
Pour éviter qu'il ne dérange,
Dans un vêtement étrange
Un lutin est venu me voir.*

LE JOUR FILTRE...

Le jour filtre dans les volets clos,
Le réveil sonne, il est encore tôt.
Déjà la pensée me prend,
Des images de rêves sont encore dedans.

Tu me disais doucement
Que nous avions encore le temps,
Que tout pouvait attendre,
Et je me retournais vers tes mots tendres.

Alors je prenais la chaleur de ta peau
Même quand tu tournais le dos.
Maintenant ton oreiller est orphelin
Quand viennent les petits matins.

BALADE

À l'abri de ta poésie,
Tu te balades à travers la vie,
Tel un nomade en restant ici.

Tu as toujours préféré la nuit,
Les autres dorment et toi tu écris,
Tu pars, tu voles, tu t'enfuis.

Tu vas dans ton regard infini,
Là où personne ne te suit,
Au-delà du monde qui t'ennuie.

Mais parfois passe là où je suis,
Là où les prés sont fleuris,
Tout près de mon cœur qui sourit.

GARDIEN SANS PAROLE

Des chatons comme nuages vivants,

D'un blanc de banquise,

Tètent et s'épuisent

Dans un panier d'ornement.

Un oiseau couleur de prairie,

Au trapèze en silence

Sans aucune méfiance

Les regarde et s'ennuie.

Le chien à demi somnole,

Couché sur sa natte,

Le flair sur ses pattes,

Comme un gardien sans parole.

QU'ENTENDRAI - JE ?

Les feuillages ne seront plus dans le vent,
Ils ne feront plus les roulis de l'océan.
Qu'entendrai-je dans mes nuits, mes insomnies,
Sans le vent dans les feuilles jaunies?

Plus de balancements de cimes éperdues,
De craquements de branches menues.
Qu'entendrai-je dans mes nuits, mes insomnies,
Sans le vent pour apaiser mon ennui?

Plus de bouleaux ni peupliers
Pour tendre leurs bras aux éperviers.
Qu'entendrai-je dans mes nuits, mes insomnies,
Sans le vent et son charivari?

Où s'accrocheront les astres argentés
Et les rais de lune perçant les nuées?
Qu'entendrai-je dans mes nuits, mes insomnies,
Sans le vent dans mes pensées alanguies?

Je m'attriste sous la voûte étoilée
À ne plus entendre le vent au fond du pré
Parler aux arbres de ses voyages,
Dans leurs longs manteaux de feuillages.

D'UNE ÂME UNIVERSELLE

Je suis d'une âme universelle,
De laideur et parfois si belle,
De petites choses ordinaires,
Et d'autres plus exemplaires.

Je viens comme les gens de la rue,
D'un mystère jamais résolu,
Peut-être né dans les bois
Ou dans les arcanes de la foi.

Je suis fait de transformations,
De migrations et d'invasions,
De plaines et de montagnes,
D'océans et de campagnes.

Je viens des villages et des villes,
De maîtres et d'êtres serviles,
D'occupations viles et frivoles,
D'un goût déconcertant pour l'école.

Je suis musicien et poète,
Peintre, maçon, anachorète,
Je suis fait de guerre et d'ordre,
De liberté, de désordre.

J'ai appris toutes les langues,
Le silence et la harangue,
Des mains le geste qui décrit
Et la parole qui supplie.

Je suis de femme et d'homme,
Qui font naître ou assomment,
Je suis d'une âme universelle,
De laideur et parfois si belle.

UN COURANT D'AIR

Un courant d'air survient,
Se faufile dans les branches du sapin,
Je l'écoute et je ferme les yeux,
Il se mélange aussi dans mes cheveux.

Je l'entends sans aucune autre pensée
Comme il croise les épis de blé.
En accord avec le silence
Je me mêle à leur présence.

TOUT SIMPLEMENT

Si j'avais de l'argent,
Je t'achèterais une fleur
Mais pas le printemps.

Si j'avais de l'argent,
Je t'achèterais une horloge
Mais pas le temps.

Je t'achèterais un livre,
Mais pas le savoir
Qui aspire et enivre.

Je t'achèterais la mesure,
Mais aucune des grandeurs
Qui font la démesure.

Je t'offrirais mon cœur
Si j'avais de l'argent,
Mon cœur tout simplement.

IL DISAIT

Il disait qu'ils s'en allaient aussi,
Dans les hauteurs du ciel ,dissous,
Les blancs, les gris chargés de pluie,
Les gros, les petits même un peu flous.

Il disait qu'autour des lumières
Ils tombaient en se brûlant les ailes,
Les papillons, les éphémères,
Sur les trottoirs des rues, des ruelles.

Il disait que les coquillages
Se changeaient en sable,
Dans le ressac des rivages
Et en poussière impalpable .

Il disait que tout s'en allait,
Tout ce qui nous accompagne
Du plus petit à l'épais,
Même le sommet des montagnes.

SANS APPARAÎTRE

C'est là que je partirai, pas plus loin,
Au fond de ta rue devant ta maison
Où tout est en désordre avec soin,
Dans des pierres, des lys et des liserons;

Là où tu passeras parfois le soir
Après ta visite auprès des chevaux
Que tu cajolais près de l'abreuvoir,
Fière et attendrie, une main sur leur dos.

Je te regarderai sans être vu
De la pénombre du cerisier,
Avec ton chien en laisse et ton fichu,
Marcher tranquillement sur les pavés.

Puis j'entendrai claquer la porte,
Je verrai la lumière aux fenêtres,
Je repenserai aux années mortes,
Et repartirai sans apparaître.

AVANT L'ORAGE

D'énormes montagnes grises,
Au fond d'un ciel azur,
S'élèvent en poussant la brise
Jusque dans les recoins des murs.

L'orage se prépare
Comme une marmite qui bouillonne,
Avec ses éclairs qui s'emparent
Des nues qui tonnent.

Toi, tu es sur ton banc
À t'émerveiller des nuances,
À regarder le vent
Dans les arbres qui s'élancent.

Reste! Attends encore un peu!
Tu verras des sources habiter
Le bord des routes et le creux
Des chemins asséchés.

Reste, et regarde la bataille
Dans les pages de ton livre,
Les balancements en pagaille
D'une nature qui s'enivre!

TOUT CHANTE

Puisqu'au moindre détour
Tu mets des notes aux parfums des fleurs,
Des dièses et des bémols
Au souffle tapageur
Dans les herbes folles
Qui se penchent tout autour;

Puisque tu cueilles le bruit des pierres
Jetées dans l'eau des ornières,
Le murmure du ruisseau
S'étirant entre les roseaux,
Et le froissement des feuilles
Dans la course apeurée du chevreuil;

Puisque tu fredonnes,
Sous les branches qui ronchonnent,
Un air qui prend forme
À l'ombre des grands ormes
D'une forêt dense,
Tu peux te réjouir de l'orage qui s'avance.

ÉGOÏSTE RÉVÉRENCE

Une rose, un hortensia, un bouquet éphémère
Dans les géants chrysanthèmes
Et les pots de bruyères,
C'est pour vous dire que je vous aime.

Dans les allées les pas silencent,
Les marbres s'alourdissent,
Il y a des révérences
Et tant d'amour complice.

A vos côtés je m'attarde
En souriant avec des larmes,
Je me souviens, je bavarde,
À votre effigie je vous charme.

Je vous demande, je vous prie,
Je vous implore, égoïste et vil,
Car vous êtes mes gardiens infinis
Que je voudrais toujours aussi serviles.

LA LAINE DU FEU

Il est minuit à l'horloge, le carillon
Tinte son dernier coup,
Et j'ai posé ma tête sur ton giron,
Mon dos sur tes genoux.

La cheminée offre son haleine
De flammes chaleureuses
Comme une écharpe de laine
Sur mes épaules frileuses.

Son souffle me caresse le front
Comme la paume de ta main.
Je suis dans son tourbillon
Et le garderai jusqu'au matin.

UNE BRÈCHE

J'ai vu une brèche en ton âme
Comme dans un livre ouvert,
Et j'ai pu lire ce qui se trame
Dans le fond de ton univers.

J'ai vu les couleurs d'octobre
Dessiner la métamorphose,
Et toi dans ton costume sobre
Tu portais un bouquet de roses.

Tu marchais les yeux dans l'enfance
Sur l'herbe perlée et les avancées de lierre,
Dans les odeurs de bois rance
Sur les marches du vieux cimetière.

Tu allais dans l'allée tant passée
Revoir cette inconnue,
Cette étrangère tant aimée
Que tu n'as jamais vue.

Chassant les feuilles tombées
En ton coeur tu préparais ta prière,
Et j'ai vu dans ton âme blessée
L'absence infinie d'une mère.

TONIO

La nuit a déroulé son tapis de braises
Au-dessus des dunes noires,
Hautes comme des falaises,
Et toi, tu es seul dans ton désespoir.

Le silence te prend et t'emmène;
Tu marches et glisses
Sur des rides qui s'enchaînent
Et que les vents ratissent.

Tu t'étonnes des étincelles qui passent
Et qui filent vers le néant,
L'infini te fait face,
Tu es dans le firmament.

Perdu sur ta mer de sable,
Tu espères le passage de quelqu'un.
Pour tarir la soif qui t'accable
Un bédouin te tendra la main.

DES JUSTES

La porte s'ouvre et ils reviennent du passé,
Un homme, une femme et leurs enfants,
Tous émus et comme délivrés
De se retrouver là maintenant.

Des milliers de jours d'absence et elle tressaille
De tout son corps, de toute son âme,
Ma grand-mère. Dans ces retrouvailles
Elle revoit la guerre et tous ses drames.

Elle se revoit à les cacher de la cave
Au grenier dans l'enfer des représailles,
Et sans aucune entrave
À les protéger de la mitraille.

Je retrouve encore si fort dans ma mémoire
Tous ces bras qui tremblaient les mains,
Dans cette étroitesse du couloir
Où tous ensemble ils ne faisaient qu'un.

GRAND-MÈRE

Elle était âgée évidemment,
Et sa voix qui ne pouvait pas se taire
Disait ses souvenirs de la grande guerre,
Sans oublier un détail, vraiment.

Je l'écoutais attentivement
Et elle, elle me caressait des yeux
En me touchant de ses doigts osseux
Au bout de ses mains sèches, doucement.

Je sais qu'elle m'attendait patiemment
Après les heures de fin de classe,
Pour me dire derrière ses lunettes basses
Que l'école durait trop longtemps.

Je me souviens, encore maintenant,
Si clair, au fond de son bras tendu,
De ce chocolat presque fondu
Qu'elle m'offrait chaque jour, tendrement.

UNE TOILE

Un napperon frémit du dahlia au glaïeul,
Perlé de fraîche rosée.
Il est vu d'un mauvais œil
Quand la mouche passe tout près.

Étiré comme un filet
Il attend le papillon frivole
Et naïf, condamné
À ne plus reprendre son vol.

C'est une dentelle amarrée
Aux attirants pétales,
Le piège de l'araignée,
Millénaire broderie fatale.

CADEAUX

Et voilà, il est revenu;
Il m'a dit qu'il venait du nord,
Et évidemment je l'ai cru;

Que mon cadeau était sous le sapin,
Et que l'année prochaine il viendrait encore,
Alors j'ai mis mon visage entre les mains;

Un an d'attente cela fait bien trop loin
Pour tous les jouets que j'ai dans ma tête,
Grue, camion et petit train.

Puis, il est reparti
Avec son gâteau de fête
Que j'avais emballé pour lui .

LA PLUME VAGABONDE

Tu erres dans les broussailles
A l'affût d'un fétu de paille,
D'un geste de fourmi dans le buis
Où tremblent quelques feuilles jaunies.

Tu vas dans le ciel voir les hirondelles,
Et sur les fils des rues et des ruelles
Comme elles se rangent si dociles
À rêver aux lointaines îles.

Je sais que tu imagines leurs voltiges,
Leur long voyage qui subitement t'afflige
Car l'automne a rapporté ses couleurs.
Ton encre va où se met ton coeur.

Tu t'étonnes de tout et tu passes
Sur les terres du monde et dans l'espace,
Là où tout t'appartient.
Tu vagabondes dans la main qui te tient.

CHEMIN EN BATAILLE

J'ai rêvé d'un chemin en bataille,
De branches et de feuilles affolées
Où des remparts de broussailles
Se chargeaient d'ombre et de clarté.

Il y avait quelqu'un à mes côtés
Qui portait si bien le jasmin
Sur sa robe en décolleté.
Elle était douce sa main dans ma main.

J'ai rêvé que ce chemin ne finissait pas
Et qu'il allait plus loin que cet air effréné,
Bien plus loin que le jaune du colza,
Au-delà des chênes et des champs de blé.

TRISTE FAIM

Tu souffres et pleures sur ta paille d'infortune,
Petit corps décharné,
Dans l'attente de graines opportunes
Et d'un peu d'humanité.

Tu es dans les bras de ta mère
Comme dans une couverture,
Et dans tes yeux grands ouverts
C'est le regard de la torture.

Qu'ai-je à faire ici pour ta faim,
À te voir sur une page de journal!
Je sais, il suffirait d'un peu de pain,
Mais je me peine à être aussi banal.

Il n'y a plus qu'un visage qui t'inonde,
De soupirs, de désespoir quotidien,
Plus rien qu'une ombre dans ton monde
Et qui te porte en vain.

LE CHEVREUIL

C'était le chevreuil,
Essoufflé, apeuré et recru,
Qui dans sa course éperdue
Fuyait l'épagneul.

La forêt résonnait de grelots
Que la brise portait
Sans s'épuiser,
Avec l'épouvantable taïaut .

C'était le chevreuil
Qu'on devinait dans les taillis,
Pris au piège des hallalis,
Caché de quelques feuilles.

On imaginait les fusils
Face à la bête aux abois,
Tremblante jusqu'aux épois,
Dans son dernier péril.

L' ÂME ÉTOURDIE

Un chemin de lisière,
De rêves entre les pas,
Prononcés tout bas
Comme des prières.

Des arbres ajourés passent
Indolents parfois,
Et souvent dans le poids
Du vent qui enlace.

Dans sa pente légère
Aux tapis de feuilles brunies,
Je m'en vais l'âme étourdie
Entre les racines et les pierres.

CHAGRIN

Il bruine dans l'automne
Avec des feuilles dans le vent
Qui tombent monotones
Sur le miroir de l'étang.
Tu me dis ce qu'il y a dans tes yeux,
Ce si peu de lumière
Sur cette eau dans ce creux
Où baignent des branches d'hier.
Tu me dis ce faux silence,
Cette sourde rumeur
Où les arbres nus dansent
Sans pudeur.
Il bruine dans l'automne
Et tu passes ton chemin
Vers les sapins qui frissonnent
Où s'éprend ton chagrin.

UN CONCERTO

Un concerto dans la roseraie
Et des rais de lumière qui s'avancent,
  Et s'en vont dans la hauteur des haies
Emportant de douces fragrances.

Un concerto de couleurs de roses
Dominées de pétales écarlates,
  Et d'autres jaunes qui s'imposent
Au bout de tiges délicates.

C'est l'aube qui revient au jardin
Reposé de tant d'heures sombres,
  Pour apporter son blanc au jasmin
Puis étaler ses premières ombres.

J'avance et vais mettre en bouquet,
Du blanc, du jaune et du rouge.
  De jeunes fleurs réveillées
Par de la lumière qui bouge.

À LA RIVIÈRE

J'allais à la rivière dans les roseaux
Voir les arbres se regarder dans l'eau,
Et aussi tomber les feuilles comme des larmes.
Les temps s'habillaient en d'autres charmes.

Le blé et l'orge avaient quitté les champs
Depuis le temps du soleil brûlant.
Sur les chemins il n'y avait plus personne,
Plus rien des rires et des voix qui chantonnent.

J'allais à la rivière dans les roseaux
Regarder l'onde sous les bateaux,
Et les rides du courant sur les bords
Balançant quelques restes de bois mort.

J'allais voir l'immense saule
Qui de ses pleurs frôlait mon épaule,
Écouter les oiseaux dans sa chevelure
Et les aulnes se plier dans l'azur.

ULTIME INSTANT

À peine une brisure
Dans la lourdeur des paupières,
Où des cils dans l'ouverture
Croisent un trait de lumière.

Quelques rayons résistent encore,
Perçant les feuillus
Qui frémissent dehors
Et que je ne verrai plus.

Lentement le soleil passe
Comme un navire dans le ciel,
Il m'emporte, tout s'efface,
Et mon être chancelle.

À LA DÉROBÉE

J'ai souvent choisi les chemins détournés
Pour ne pas être vu, ni même aperçu,
Les chemins de fortune à peine ajourés
Où le soleil n'entrait plus;
Souvent emprunté les sentiers oubliés,
Si peu de fois parcourus
Par des promeneurs isolés
Qui s'étaient quelques fois perdus.
J'allais souvent à la dérobée,
Sauter les claires-voies et les clôtures,
Entre labours et bosquets
Où se penchaient les lourdes ramures.

LA RUE DES BRAS TENDUS

Le voilà revenu ce passé
Avec ses photos jaunies,
Et tout s'est réveillé
Comme sorti de l'oubli.

La rue aux entrées en enfilade
Aussi vaste qu'un territoire,
Aux fenêtres identiques aux façades,
Une rue sans trottoir.

Où nos pères et mères
Nous entouraient de tous leurs bras,
Avec nos sœurs et frères
Guettant nos petits pas.

Comme dans les fleurs des prés,
À l'ombre des feuillus,
Dans les longues herbes fanées
Leurs mains nous étaient tendues.

L'ARCHITECTE

Mais quel est ce maître, ce peintre, ce ciseleur,
Ce magicien des formes et des couleurs,
Cet enchanteur des graines qui végètent,
Et qui d'un coup de baguette
Sortiront des rochers creux,
Des fleurs aux calices soyeux?

Quel est cet étranger, cet invisible,
Ce modeleur au regard sensible
Qui tâchera de cendre le poil roux
Du renard et les plumes du hibou?

Mais qui est-il ce délicat,
Cet architecte des traits, des incarnats
Aux visages des enfants,
Des verts aux forêts, des bleus aux océans?

LA BALANÇOIRE DU TEMPS

Et si le temps s'était arrêté
Un jour près des oliviers centenaires,
Plus de minutes ni d'heures à compter,
Plus rien dont on doive se défaire.

Qu'il aurait été doux ce moment,
Aux va-et-vient de l'escarpolette,
Noué à notre bonheur d'adolescents
Dans nos rencontres secrètes.

Et si le temps s'était arrêté
Dans le dédale des champs de maïs,
Où l'ombre nous prenait
Dans ses longs doigts complices.

Qu'il aurait été doux ce moment,
Sans que plus rien ne change
De cet été ardent,
Dans les sourires d'un ange.

ET SI...

Et si je prenais le temps,
Tout le temps;
De l'aube au couchant,
Du crépuscule au levant;
Tout le temps,
Pour que chaque instant
Demeure présent,
Et que dorénavant
Soit plus fort qu'auparavant;
Tout le temps
Et pour longtemps,
Comme si maintenant
Devenait immédiatement,
Sans que rien ne soit d'antan
Ni de prochainement;
Si je prenais le temps.

MON ENFANCE

Où es-tu temps de mon enfance,
Des jeux dans les champs et les rues,
Entre les mains de l'insouciance
Et les paroles ingénues ?

Ô Temps de mon enfance!
Derrière tant de temps,
À jamais j'aurai perdu l'innocence
Des fantaisies dans le printemps.

Combien d'hivers dans le froid,
Les gerçures et l'onglée,
À faire tomber les glaçons des toits
Sur les routes enneigées?

Combien de fois dans les étés
À jouer dans la fraîcheur des couloirs,
Sous les branches des marronniers
Avant la tombée du soir.

Ah! C'est un triste échange
Quand le temps pousse les ans
À mettre un costume étrange
Sur de vieux enfants.

CHEZ TOI

Il y a chez toi de beaux matins
Quand la nuit est en déclin,
Quand parmi les nuages se glisse le bleu,
Avec dedans des braises et du feu.

Il y a aussi de beaux chemins
Qu'ombrent les chênes et les sapins,
Où les clôtures ferment les prés
Aux bords des fossés.

C'est l'heure des animaux
Qui vont à l'herbe fraîche et à l'eau
Des sources, et qui s'empressent
Avant que l'homme n'apparaisse.

DES VAGUES

Des vagues à barbe blanche
Se frottent au pied des falaises,
Aux rochers où elles se retranchent,
Où jamais elles ne s'apaisent.

Elles crient et se broient,
Hurlant à chaque assaut,
Et l'air lutte et se noie
Dans la profondeur de l'eau.

Pauvres pierres tendres,
Si fragiles et périssables,
Comme le feu donne la cendre
Vous ferez des plages de sable.

L' ALOUETTE

Allez! Viens ! Laisse les miroirs!

Viens chanter avant le soir

Au-dessus des prairies colorées

Et des grands champs ondulés!

Reste un moment dans le vent

À défier ses courants!

Et avant qu'il ne passe,

Regarde plus haut ce rapace

Solitaire, qui sans battement

D'ailes fait le cerf-volant!

LE BOUVREUIL

*J'aimais écouter le bouvreuil,
À peine caché derrière les feuilles,
Quand le soir sur mon ouvrage
Se posait au fil des pages.*

*Je l'écoutais sans autre bruit,
Comme s'il éclairait l'ennui
De la rue, de la ville,
Du haut de son arbre tranquille.*

*Son chant allait entre les maisons
Comme en pâmoison,
Pour que vite revienne le jour
De sa quête aux ébats d'amour.*

*J'aimais écouter le bouvreuil
Bien installé dans mon fauteuil,
Quand le soir sur mon ouvrage
Il étalait tout son ramage.*

JE ME DISAIS

Je me disais,
Avant que tu t'en ailles
Regarde le moindre détail
Pour ne rien oublier
De tout ce qui s'est passé!

Des petites choses à l'insignifiant,
Des petites causes au terrifiant.

Je me disais,
Écoute le moindre bruit
Et les silences aussi,
Pour t'en faire des souvenirs
Quand t'en prendra le désir!

Des mots insensés,
Des paroles répétées.

Je me disais,
Allez ! Prends la musique des lieux
Pour l'entendre quand tu seras plus vieux!

ESPRITS DE LÉGENDES

Si vous passez près de chez moi,
Arrêtez-vous dans le petit bois
De bouleaux et de peupliers
Où les haies font des murs épais!

Vous entendrez des recoins obscurs
Des voix passagères qui susurrent,
De petits pas pressés
Sur les feuilles séchées.

Seraient-ce des esprits de légendes,
Inquiets des branches qui se fendent,
Des herbes aux têtes écrasées
Sur les bords du sentier ?

Vous verrez peut-être,
Là où les arbres s'enchevêtrent,
Dans des rayons de lune,
Des silhouettes peu communes.

LE BLANC SILENCE

*Quand il neige
Le silence est plus dense,
Et les oiseaux se protègent
Pleins de méfiance.*

*Ils vont sous les buissons
Marquer de griffures
La nappe de coton,
Puis repartent à toute allure.*

*Rien, plus rien ne s'ébruite,
Et des flocons comme des plumes
Prennent la fuite,
Si légers sur le bitume.*

*Tous les bruits s'écrasent,
Et plus personne ne passe
Sous les fenêtres qui déjà s'embrasent;
Au loin, une cloche tinte l'espace.*

PLUMES D'ANGE

Non, attendez !
Ne venez pas plus bas
Au risque de tomber
Où tout n'est que fracas !

Restez au-dessus des nues
Où la lumière est éternelle,
Où le temps est suspendu !
Prenez garde à vos blanches ailes !

Vous perdrez vos plumes
Si le vent est trop fort ;
Vous vous égarerez dans les brumes
Et leur triste décor.

Laissez aux écrivains le roseau,
La rémige des oies !
Restez tout en haut,
Bien loin au-dessus des toits !

DES CARAMELS

Je n'ai pas oublié maman
Ô Ce temps de mon enfance!
Quand tu m'attendais dans le vent
Toute écorchée d'impatience,
Là, juste au coin de la rue
Sous une fine pluie d'automne,
Un parapluie sur ta tête nue
Et au cou un châle en couronne.
Je revenais trempé mais ravi,
Et croisant ton regard de ciel
Je prenais ta main transie,
Les poches remplies de caramels.

RÊVE DE PINCEAUX

Il y a des matins comme ça !
On voudrait que rien ne change
Quand le ciel n'en finit pas
De se farder d'orange.

On dirait presque de la mousse
Qui s'étire du levant
En une chevelure rousse
Avec un peu de gris dedans.

On voudrait que rien ne change
De cette aube, de ce tableau,
De cette lumière si étrange
Qu'elle fait rêver tous les pinceaux.

COMMENT TE DIRE ?

Puisque les parfums s'en vont
Des blanches roses et des hellébores,
Et que les eaux de partout s'évaporent,
Que les nuages au ciel se défont;
Comment pourrais-je te dire,
Te faire comprendre que rien ne dure,
Ni les océans , ni les murmures,
Ni les éclats de rire;
Et que tout s'en va sans retour,
Que les pierres deviendront poussières
Comme les étoiles dans l'univers,
Que la nuit mangera le jour?

DANS MES PUPILLES

Un jour tu partiras et je ne serai pas là,
Si loin que je ne pourrai pas te suivre ;
Je lirai le message à bout de bras
Comme je le fais parfois avec les livres.

Je sortirai alors sur le pas de ma porte
Pour te voir passer au loin,
Ou sur mon balcon, ma terrasse, qu'importe,
Aussi parmi les fleurs au jardin.

Elles seront toutes pour toi, les roses,
Les tulipes, les azalées et le jasmin,
Même celles à peine écloses
Entre le cerfeuil et le romarin.

Je sais que tu seras là-bas dans ce nuage d'or
Qui doucement passe et s'éparpille,
Et je serai tranquille puisque tu dors
Dans les larmes de mes pupilles.

UN AIR DE PRINTEMPS

Chantez feuilles nouvelles!
Un air doux et caressant
A ramené le printemps
Par-dessus quelque neige rebelle.

Partout où l'œil se penche
Tout le surprend,
Des étoiles de crocus aux pervenches,
Aux pâquerettes en tapis blancs.

La vie est en éveil,
Ô Miracle des métamorphoses!
Tellement privée de soleil
Elle s'est glissée dans toutes choses.

Et maintenant tous les oiseaux pavoisent
Dans l'herbe fraîche et les boutons d'or,
Comme le hérisson et la gerboise
Entre les pierres et les arbres morts.

Ah! Elles étaient belles les oies cendrées
Quand elles partaient en flèche vers le nord,
Au-dessus des prés et des forêts,
Dans leurs éternels corridors.

QU'AI-JE IMAGINÉ !

Une terrasse au coin d'une rue,
Une table, une chaise vide,
Tout autour des visages inconnus
Et le tien au regard timide.

Et si tu venais à mes côtés
Juste pour un café noir,
Pour quelques mots à échanger
Avant que vienne le soir.

Tu me parlerais de ta vie
Et je te dirais d'où je viens,
Et puis aussi qui je suis
En te prenant la main.

Je te dirais toute ma tendresse
Et puis mes rêves les plus fous,
Et je glisserais quelques caresses
Dans la courbure de ton cou.

Mais enfin, qu'ai-je imaginé, insensé!
Un sourire s'est posé dans tes yeux,
Pris au piège et prisonniers
D'un autre regard heureux.

SANS ME PRESSER

D'où vient-il ce royaume d'hiver
Où nul n'a posé ses pas,
Où tout s'est recouvert
De blanc comme un drap?

Où est-il ce chemin de neige
Avec des arbres qui le gardent,
Et des haies qui le protègent
Dans une clarté rose qui s'attarde?

J'aimerais être dans cette photo
Sans poser les pieds,
Et même sans dire un mot
Juste regarder sans me presser.

APPRIVOISÉES

De notes apprivoisées,
Sur des touches de clavier,
S'élève en langage divin
Une danse pour anges et chérubins.

Dansez! Dansez enfants du ciel!
Légers comme des rais de soleil.
Dansez! C'est un air de paradis
Que deux mains vous ont ravi.

DANS MA MAIN

La lune est là,
À bout de bras;
Je la prends dans ma main
Comme une balle de satin.

Et déjà elle s'ennuie
Du soleil qui l'éblouit;
Alors elle repart avec entrain
Vers ses horizons lointains.

Mais elle reviendra demain
C'est certain,
Et au même endroit,
Dans le creux de mes doigts.

J'AI RÊVÉ...

J'ai rêvé de toi cette nuit,
Tu portais un pantalon noir,
Un petit chemisier bleu-gris,
Et à mes côtés tu es venue t'asseoir.

Tu as reposé ta jambe sur mes genoux
Comme si je t'appartenais,
Et mis ton bras autour de mon cou
Pour tendrement te rapprocher.

Puis tu m'as donné un baiser sur la joue
Et sur les lèvres un plus délicat,
Si passionné et si doux,
À la saveur des roses et du lilas.

PREMIÈRES FLEURS

Fin de l'hiver,
Taches blanches éparses
Autour des perce-neige et des primevères.
Du toit pendent des morceaux de glace.

La bise passe légère
Sur les frais bourgeons,
Tasse les feuilles dans les pierres
Qui bordent le gazon.

Pauvres fleurs précoces,
Espoir d'un printemps nouveau,
Vous avez la tête des jours de noces,
Mais le pied dans la fraîcheur de l'eau.

PAUVRE MONDE

Quand les fleurs cesseront de pousser
Entre les pierres et les rochers,
A quelques endroits de la mer,
Dans le sable, aux parterres
Des jardins, aux bords des sentiers,
Là où une graine a pu germer;
Dans les pots aux terrasses
Plus de cascades qui s'enlacent,
Ni aux balcons , ni aux fenêtres;
Plus de couleurs champêtres,
Plus de couronnes aux cérémonies
Où on pleure, où on rit, pour faire joli,
Ni de bouquets que l'on donne
Et qui encore bourgeonnent;
Que feront les mouches, les papillons,
Les scarabées et les bourdons,
Les coccinelles et les abeilles
Sous l'ardent soleil?

SOUFFLE D'HIVER

Le ciel colère, la rumeur gronde,
Tout bouge et les arbres menacent
Et tremblent, les ramures se déplacent,
On dirait la fin du monde.

Les branches craquent et cassent
Et s'envolent comme des fétus,
Les pots tombés et fendus
Roulent sur la terrasse.

Il passe, hurle comme un fou,
Chasse les feuilles mortes
Jusqu'aux seuils des portes,
Tourbillonne de partout.

Ici et là pas une âme qui vive,
Pas un tressaillement d'oiseau,
Juste des nuages au galop
Dans le vent à la dérive.

Le ciel colère, la rumeur gronde,
Comme une houle de haute mer
Qui tempête sous le tonnerre
Où tous les flots vagabondent.

REFRAIN

Des sifflements sous la porte
Et les volets claquent,
Les grands arbres s'emportent,
Les branches s'effeuillent et craquent.

Le violon dans le creux de l'épaule
Joue sa nostalgie,
Sur son coussin le chat miaule
Quand l'archet s'alanguit.

À demi assis sur sa chaise
Et les pieds sans chaussures,
Il était tout à son aise
Quand il battait la mesure.

C'était mon grand-père dans l'hiver
Jouant un refrain du pays,
Quand dehors les courants d'air
L'accompagnaient de leurs cris.

AU PARC

Au milieu du parc
Aux pelouses rares et aux arbres fleuris,
Avec sa rivière caressée de barques
Coulant sans faire de bruit,
Il regardait intensément
Les détails, les presque rien, et l'invisible
Qui jaillissait de partout en mots éloquents,
Envahi de parfums indicibles.
Il écrivait le va-et-vient du chien perdu
Et la paix des cygnes blancs sur l'onde fraîche,
La lumière qui colorait la terre nue
Juste retournée par quelques coups de bêche.
Il s'en allait au cœur des amants fébriles
Cachant leurs désirs,
Loin des attachements futiles
Qu'il ne voulait plus servir.
Il voyait aux gestes d'enfants
Des scénarios imaginaires et candides,
Des joies, des pleurs et des mots réconfortants,
L'hésitation et la peur du plus timide.
Sur son banc à la peinture défraîchie,
Il se passionnait à mettre de l'élégance
Dans son cahier de poésie,
Pour nuire à l'indifférence.

DIS-MOI !

Dis-moi!
Quand reviendras-tu ?
Quand te reverrai-je devant ta maison
Avec un livre dans ton giron
Sur ta petite jupe écrue ?

Quand reverrai-je des fleurs à ton balcon
Si bien alignées comme toujours,
Avec leurs pétales de velours
Aussi blanches que du coton ?

Dis-moi!
Quand les rideaux de ta lucarne
Se teinteront-ils de lumière jaune,
Que je regarderai comme une icône
Avant que la nuit ne s'acharne ?

EH !

Eh! Dieu, Seigneur,
Comment pourrais-je vous nommer?
Je m'imaginais un grand penseur,
Un sauveur pour l'humanité.

On vous dit invisible et partout
Et on vous a dressé des cathédrales;
Vous avez mis les hommes à genoux
Pour louer vos qualités idéales.

Des prières sont montées vers le ciel
Et des guerres vous ont servi;
Si au moins vous aviez pu l'essentiel
Pour qu'à tous il permette vie.

Mais hier un enfant est mort
Parce qu'il n'avait plus de pain
Ni plus rien pour son confort,
Et il vous appelait en vain.

RIEN D'IMPORTANT

Derrière mes paupières closes
J'ai revu quelques sapins
Qui s'élevaient dans le ciel rose
Chantant un vert refrain.

Un sentier s'était inscrit entre eux,
Oeuvre de milliers de pieds
Qui parfois avaient laissé des creux
Où la pluie était restée.

Un enfant y promenait ses rêves
Insouciant du temps
Et des réalités brèves,
Comme si rien n'était important.

Sommaire

LES CHEMINS D'EN HAUT	9
RÊVE D'ENFANCE	10
SANS RIEN ME DIRE	11
Il PLEUT	12
MON COURTIL	13
JE T'AIME	14
LECTURE	15
PARTONS	16
BRUMES D'AUTOMNE	17
MOISSONS	18
LOIN D'ICI	19
PRÉSENCE INVISIBLE	20
AVEC MOI	21
RUISSEAU	22
DANS TES YEUX VERTS	23
VOLER	24
AU MÊME PUPITRE	25
QUAND TOUT S'ENDORT	26
À PETITS PAS	27
OÙ SERAIS-JE ?	28

MAGIE DE NOËL	29
SOUVENIR	30
LE SILENCE	31
DÉDICACE	32
LE CERF-VOLANT	33
POUR VOUS MADAME	34
UN BOUQUET DE ROSES	35
UN PEU D'EXIL	36
DE LA POÉSIE	37
DOCTEUR	38
AU VIOLONCELLE	39
DE PÈRE EN FILS	40
UNE PLACE , UN LIVRE	41
DERNIER MOMENT	42
DE L'AURORE	43
DANS L'AIR D'ÉTÉ	44
L'INFIRMIER	45
COMME UN SPECTRE	46
AU JARDIN	47
NÉANT	48
I. LA PREMIÈRE CLASSE	49
II. LE PETIT ÉMIGRÉ	50

III. AMIS	51
QU'AURAIS-JE PU DIRE ?	52
ATTENTE VAINE	53
HALO D'AMOUR	54
QUATRE CHATS	55
TROIS ÂNES	56
GÉANT	57
UN AMI DE SOLEIL ET D'EAU	58
PAPILLON	59
AUBE	60
COMBIEN ?	61
PETITE FAUVETTE	62
VIEILLIR	63
LE SILENCE DES SOUS-BOIS	64
LOIN DE MON PAYS	65
MÉLANCOLIE	66
ELLE	67
JE NE PARTIRAI PAS	68
CHOPIN	69
LE CHEMIN DE LUNE	70
UN COIN DE SEPTEMBRE	71
VERS LES ÉTOILES	72

L'ARC-EN-CIEL	73
LE GRAND CHÊNE	74
GRAND-PÈRE	75
BIEN PLUS LOIN	76
MÉTAMORPHOSES DU SILENCE	77
INDIFFÉRENCE	78
FRIMAS	79
VELLÉDA	80
FANTAISIE	81
QUIÉTUDE	82
AVANT DEMAIN	83
AU - DELÀ	84
MYSTÈRES	85
LA DERNIÈRE FOIS	86
SÉPULTURE	87
À LA BRUNE	88
AU SON DES CORDES	89
UN MURMURE D'OR	90
MERCI	91
IL NEIGE	92
PETIT BONHOMME	93
L' ANGE ET LE POÈTE	94

AU BOUT DU SENTIER	95
SI PEU DE MOI	96
ET IL Y A UN LUTIN	97
LE JOUR FILTRE…	98
BALADE	99
GARDIEN SANS PAROLE	100
QU'ENTENDRAI - JE ?	101
D'UNE ÂME UNIVERSELLE	102
UN COURANT D'AIR	104
TOUT SIMPLEMENT	105
IL DISAIT	106
SANS APPARAÎTRE	107
AVANT L'ORAGE	108
TOUT CHANTE	109
ÉGOÏSTE RÉVÉRENCE	110
LA LAINE DU FEU	111
UNE BRÈCHE	112
TONIO	113
DES JUSTES	114
GRAND-MÈRE	115
UNE TOILE	116
CADEAUX	117

LA PLUME VAGABONDE	118
CHEMIN EN BATAILLE	119
TRISTE FAIM	120
LE CHEVREUIL	121
L' ÂME ÉTOURDIE	122
CHAGRIN	123
UN CONCERTO	124
À LA RIVIÈRE	125
ULTIME INSTANT	126
À LA DÉROBÉE	127
LA RUE DES BRAS TENDUS	128
L'ARCHITECTE	129
LA BALANÇOIRE DU TEMPS	130
ET SI…	131
MON ENFANCE	132
DES VAGUES	134
L' ALOUETTE	135
LE BOUVREUIL	136
JE ME DISAIS	137
ESPRITS DE LÉGENDES	138
LE BLANC SILENCE	139
PLUMES D'ANGE	140

DES CARAMELS	141
RÊVE DE PINCEAUX	142
COMMENT TE DIRE ?	143
DANS MES PUPILLES	144
UN AIR DE PRINTEMPS	145
QU'AI-JE IMAGINÉ !	146
SANS ME PRESSER	147
APPRIVOISÉES	148
DANS MA MAIN	149
J'AI RÊVÉ…	150
PREMIÈRES FLEURS	151
PAUVRE MONDE	152
SOUFFLE D'HIVER	153
REFRAIN	154
AU PARC	155
DIS-MOI !	156
EH !	157
RIEN D'IMPORTANT	158